지은이 애나 클레이본

영국 요크셔에서 어린 시절을 보낸 뒤, 옥스퍼드 대학교와 캐나다 토론토에서 영문학을 공부했어요. 현재는 프리랜서 작가와 편집자로 활동하고 있답니다. 과학과 자연 분야에 관심이 많아서 야생 동물과 화산, 지진 등에 관한 책을 많이 썼어요. 국내에 소개된 책으로《대륙별 기후별 별별 동물 찾기》《발레리나를 찾아라》등이 있어요.

옮긴이 김선영

식품 영양학과 실용 영어를 공부했어요. 영어 문장을 아름다운 우리말로 요모조모 바꿔 보며 즐거워하다가 본격적으로 번역을 시작했답니다. 옮긴 책으로《플라스틱 지구》《남친보다 절친 프로젝트!》《이번 실수는 완벽했어!》《엉덩이로 자동차 시동을 건다고?》《관심이 제일 중요해 : 난민》외 여러 권이 있어요.

푸른숲 생각 나무 18

뜨거운 지구

첫판 1쇄 펴낸날 2020년 11월 13일 | **6쇄 펴낸날** 2023년 8월 31일 | **지은이** 애나 클레이본 | **옮긴이** 김선영 | **발행인** 김혜경 | **편집인** 김수진 | **주니어 본부장** 박창희 | **편집** 강정윤 조승현 | **디자인** 전윤정 김혜은 | **마케팅** 최창호 임선주 | **경영지원국** 안정숙 | **회계** 임옥희 양여진 김주연 | **인쇄** 신우인쇄 | **제본** 에이치아이문화사 | **펴낸곳** (주)도서출판 푸른숲 | **출판등록** 2003년 12월 17일 제2003-000032호 | **주소** 경기도 파주시 심학산로 10, 우편번호 10881 | **전화** 031)955-9010 | **팩스** 031)955-9009 | **홈페이지** www.prunsoop.co.kr | **이메일** psoopjr@prunsoop.co.kr | **인스타그램** @psoopjr
ⓒ푸른숲주니어, 2020 | ISBN 979-11-5675-277-6 (74400) 979-11-5675-030-7 (세트)

잘못된 책은 구입하신 서점에서 바꾸어 드립니다. 본서의 반품 기한은 2028년 8월 31일까지입니다.
KC 마크는 이 제품이 공통안전기준에 적합하였음을 의미합니다. 던지거나 떨어뜨려 다치지 않도록 주의하세요.

Hot Planet by Anna Claybourne
First published in Great Britain in 2020 by The Watts Publishing Group.
Copyright ⓒ The Watts Publishing Group 2020
Korean Edition Copyright ⓒ Prunsoop Publishing Co., Ltd., 2020
All rights reserved.

This Korean edition published by arrangement with The Watts Publishing Group Limited, on behalf of its publishing imprint Franklin Watts,
a division of Hachette Children's Group through Shinwon Agency Co., Seoul.

이 책의 한국어판 저작권은 신원 에이전시를 통해 The Watts Publishing Group과 독점 계약한 (주)도서출판 푸른숲에 있습니다.
저작권법에 의해 한국 내에서 보호를 받는 저작물이므로 무단 전재와 복제를 금합니다.

뜨거운 지구

애나 클레이본 글 · 김선영 옮김

푸른숲주니어

차례

발등에 불이 떨어졌어!	• 04
지구라는 거대한 온실	• 06
18세기에 무슨 일이 일어난 걸까?	• 08
온실 효과의 주범, 이산화 탄소	• 10
똑똑! 정보 창고 　비행기로 떠나는 온난화 여행	• 12
농업이 지구를 뜨겁게 만든다?	• 14
날씨가 무서워진다고?	• 16
단단한 빙하가 녹고 있어!	• 18
똑똑! 정보 창고 　오크예퀼 빙하의 슬픈 운명	• 20
야생 동물은 어떻게 될까?	• 22
똑똑! 정보 창고 　위기에 처한 대산호초	• 24

인간에게 미치는 심각한 영향	• 26
똑똑! 정보 창고 무시무시한 슈퍼 태풍 하이옌	• 28
국제 사회가 움직인다!	• 30
우리가 할 수 있는 일	• 32
이동 혁명이 일어났다!	• 34
에너지는 어디에서 올까?	• 36
미래의 첨단 농업	• 38
최신 과학이 찾은 해결책	• 40
미래는 과연 시원할까?	• 42

이것도 알아 두면 좋아요!   44

똑똑! 환경 용어   46

발등에 불이 떨어졌어!

우리 행성에 커다란 문제가 생겼어요. 지구가 점점 더워지고 있거든요. 이런 현상을 '지구 온난화'라고 해요. 온난하다는 건 왠지 좋은 거 같지요? 햇살 따사로운 봄날이 생각나니까요. 그런데 지구는 지금 그냥 따뜻해지는 게 아니라 점점 '뜨거워지고' 있답니다. 계속 이러다가는 크나큰 재난이 닥쳐올 수 있어요!

기후가 계속 바뀐다고?

'기후'는 날씨와 기온 등을 오랫동안 관찰했을 때 보이는 평균적인 상태를 말해요. 기후는 계속 변화하지요. 티라노사우루스가 살던 약 6천5백만 년 전에는 지금보다 더 더웠어요. 그런가 하면 2만 년 전 마지막 빙하기 즈음에는 지금보다 더 추웠지요.

- ? 그런데 이번에는 상황이 많이 달라요.
- ⏱ 기온이 자연적일 때에 비해 더 빠르게 변하고 있거든요.
- 👥 사람들의 활동이 기후 변화의 주요 원인이에요.

> 지구 온난화는 우리가 연료를 많이 쓰기 때문에 발생해요. 자동차를 운전할 때, 공장에서 기계를 돌릴 때, 발전소에서 전기를 만들 때 모두 연료를 태우지요. 연료를 태울 때 나오는 가스가 지구를 뜨겁게 만드는 거예요.

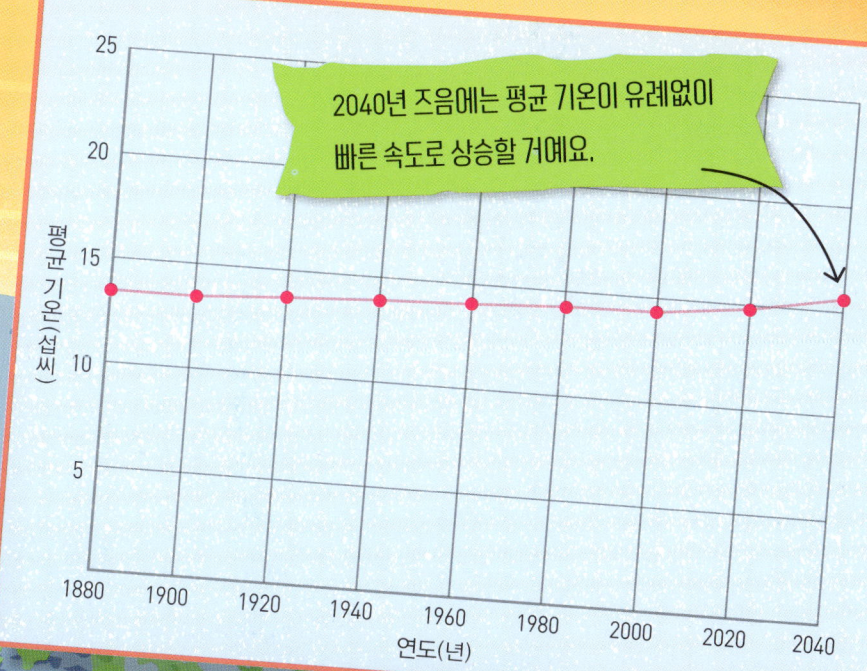

2040년 즈음에는 평균 기온이 유례없이 빠른 속도로 상승할 거예요.

높이, 더 높이!

지구의 기온은 1880년부터 지금까지 거의 1℃가 올랐어요. 1℃면 괜찮지 않냐고요? 천만에요! 지구의 기온은 굉장히 정교하게 균형을 이루고 있어서, 1℃는 환경에 커다란 영향을 미치게 되어요.

기후 비상사태 발생!

지구 온난화는 날씨가 더워지는 것만으로 끝나지 않아요. 지구 전체에 여러 가지 영향을 미치거든요. 벌써 세계 곳곳에서 그 영향이 나타나고 있어요.

극지방의 빙하가 녹고, 해수면이 상승하고 있어요.

대기가 건조해져서 산불이 많이 나고, 바닷물이 따뜻해져서 태풍이 자주 발생하고 있어요.

어떤 곳은 예전보다 비가 더 내려서 홍수가 나고, 어떤 곳은 비가 내리지 않아 가뭄이 심해지고 있어요.

기후 문제는 우리가 만들었어요. 그러니까 우리가 해결책을 찾아야 해요. 그러기 위해선 그동안 어떤 일이 있었는지 먼저 알아봐야겠지요? 또 우리가 무엇을 할 수 있는지도 곰곰이 생각해 보고요!

지구라는 거대한 온실

가볍디가벼운 공기 중의 기체가 어떻게 커다란 지구를 덥힐 수 있을까요? 바로 '온실 효과' 때문이에요. 이렇게 온실 효과를 일으키는 몇몇 기체를 '온실가스'라고 불러요. 온실가스는 태양에서 받은 뜨거운 열을 지구 가까이에 붙잡아 두거든요.

왜 온실 효과라고 부를까?

지구를 덥히는 원리가 온실과 비슷하기 때문이에요! 온실을 둘러싼 유리로 된 벽은 태양의 열에너지를 그대로 통과시켜 내부를 따뜻하게 만들어요. 또, 한 번 들어온 열의 대부분을 다시 밖으로 나가지 못하게 잡아 두지요. 그래서 온실은 계속해서 따뜻한 거예요.

지구의 대기도 같은 일을 해요. 태양에서 온 빛이 대기를 통과해 지구를 따뜻하게 데워요. 지구를 둘러싼 공기도 함께 데우지요. 공기 중의 온실가스는 이렇게 들어온 열이 다시 우주로 나가지 못하게 막아서 지구 표면이 항상 따뜻하도록 만들어 준답니다.

나쁜 것만은 아니야!

온실 효과가 나쁘기만 한 건 아니에요. 생명체가 지구에서 살아가기 좋도록 따뜻하게 만들어 주니까요. 만약 온실 효과가 없으면 지구의 평균 기온은 엄~청나게 낮을 거예요. 영하 18°C쯤 될 테니까요!

온실가스의 정체를 밝혀라!

사람들이 온실가스를 지나치게 많이 내보내는 바람에 지구가 '너무' 따뜻해졌어요.
그렇다면 온실가스는 대체 어떤 것일까요?

76% 이산화 탄소(CO_2)

이산화 탄소는 우리가 배출하는 온실가스의 약 4분의 3을 차지해요. 주로 석탄, 석유, 나무 등 연료를 태울 때 나오지요.

16% 메테인

우리가 고기를 얻기 위해 기르는 가축들이 주로 뿜어내요. 화석 연료를 캐낼 때도 발생하지요.

6% 아산화 질소

연료를 태울 때 나오기도 하고, 농장이나 공장에서 쓰는 화학 물질에서도 나와요.

2% 기타

이 외에 다른 온실가스도 있어요. 냉장고에 사용하는 수소 불화 탄소도 온실가스예요.

소가 사료를 먹고 나서 트림을 하고 방귀를 뀔 때 메테인이 발생해요. 젖소 한 마리가 하루에 뿜어내는 양은 최대 700리터에 달해요. 얼마나 되는 거냐고요? 커다란 풍선을 50개가량 불 수 있는 양이랍니다!

18세기에 무슨 일이 일어난 걸까?

오래전에는 지구 온난화에 사람이 끼치는 영향이 그다지 크지 않았어요. 18세기에 급격한 변화가 일어나기 전까지는요. 그 급격한 변화는 바로 '산업 혁명'(1760~1840)을 말해요. 영국에서 시작된 이 산업 혁명을 계기로 기계 설비를 갖춘 공장들이 대거 생기면서 온실가스가 크게 늘기 시작했답니다.

새로운 아이디어와 발명이 넘치다

아주 오래전부터 사람들은 새로운 아이디어를 떠올리고 신기술을 개발해 왔어요. 특히 산업 혁명 시기에 중요한 발명들이 쏟아졌지요. 그 결과, 사람들이 생활하고 일하는 방식이 달라졌어요. 그중에서 중요한 몇 가지를 소개할게요.

공장의 등장

규모가 큰 공장이 생겨났어요. 사람들은 이제 공장에서 신식 기계를 이용해 물건을 만들기 시작했지요. 그 전에는 집이나 동네에 모여 앉아 손으로 물건을 만들었거든요.

1750년

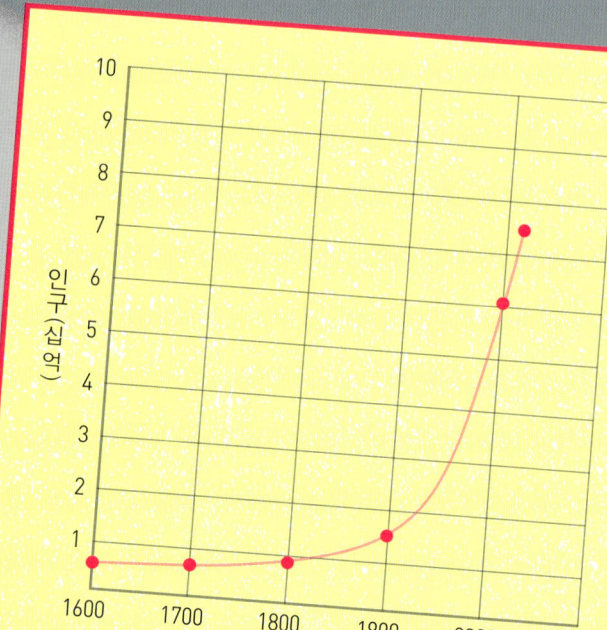

인구 폭발

새로운 발견과 발명 덕에 사람들은 건강하고 부유해졌어요. 아기도 많이 태어나고, 또 더 오래 살게 되었지요. 그 바람에 세계 인구가 아주 빠르게 늘어났답니다.

의학의 발전

의학계에서도 새로운 발견이 이어졌어요. 백신과 살균 소독제 등이 발명되면서 수백만 명에 달하는 사람들의 생명을 구하게 되었지요.

오늘날 세계 인구는 산업 혁명 이전에 비해 여덟 배나 많아졌어요!

전기의 이용

사람들은 전기의 원리에 관해 많은 것을 알아냈어요. 전기를 이용해서 각종 기계와 장치를 작동시켰지요. 아, 전구의 불도 밝혔고요.

1850년

1800년

기관의 발명

증기 기관과 같은 연소 기관이 등장했어요. 기관은 연료를 태울 때 나오는 에너지를 기계 돌리는 힘으로 바꾸어 주는 장치예요. 연소 기관의 발명은 기차와 자동차의 등장으로 이어졌지요.

1900년

북적이는 세계

인구가 늘어나면서 우리에겐 더 많은 식량과 의복이 필요하게 되었어요. 농장과 공장이 수없이 늘어났지요. 또 기차와 자동차가 발명되면서 더 멀리까지 빠르게 갈 수 있게 되었답니다. 그 덕분에 도시는 점점 더 커지고 붐비기 시작했어요. 이윽고 집집마다 전기가 들어오게 되면서 다양한 전자제품이 발명되었지요. 그렇게 해서 지금에 이르렀답니다! 지금 우리는 엄청난 양의 연료를 매일같이 태우고, 에너지를 지나치게 많이 사용해요. 쉴 새 없이 땅을 골라 도시를 세우고, 공장을 짓고, 도로를 내고 있지요.

온실 효과의 주범, 이산화 탄소

온실가스 가운데 가장 큰 비중을 차지하는 건 바로 이산화 탄소예요. 화학 기호로는 CO_2라고 쓰지요. 우리는 필요한 에너지를 얻기 위해 연료를 태우는데, 그 과정에서 매년 수십억 톤의 이산화 탄소가 대기 중으로 쏟아져 나와요. 석탄, 석유, 천연가스와 같은 화석 연료를 사용할 때 특히 더 그렇답니다.

화석 연료

- 대부분의 공장이 화석 연료로 기계를 움직여요.
- 자동차가 움직이려면 휘발유나 경유 등 석유로 만든 연료를 태워야 해요.
- 발전소는 대부분 석탄이나 석유, 천연가스를 연료로 전기를 생산하지요.
- 비행기가 날아가려면 석유 같은 연료가 필요해요. 
- 우리가 집에서 음식을 만들거나 난방을 할 때도 가스와 석탄 같은 연료를 사용해요. 

이산화 탄소는 왜 나오는 걸까?

연료는 대부분 생물로부터 만들어져요. 예를 들어 석탄과 석유, 천연가스는 선사 시대에 죽은 동물과 식물이 긴 시간 동안 땅에 묻혀 있다가 만들어졌어요. (그래서 화석 연료라고 부르는 거예요!)

생물을 이루는 기본 원소 중의 하나는 탄소예요. 그러니까 생물로 만들어진 연료를 태우면 안에 있던 탄소가 공기 중의 산소와 만나 반응하고, 이 과정에서 이산화 탄소가 생겨나는 거예요.

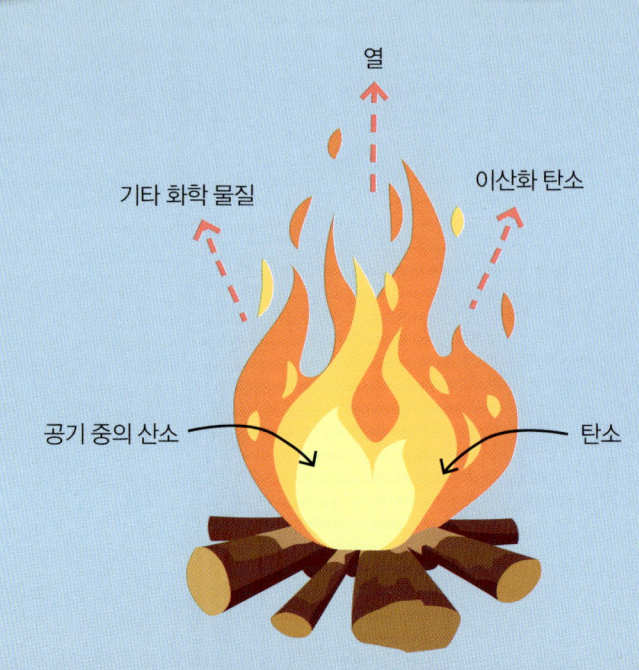

식물은 탄소 저장고

탄소는 지구에 아주 많아요. 공기 중에 이산화 탄소로도 존재하지만, 대부분 바위나 땅에 저장되어 있지요. 또 바닷물에도 녹아 있어요. 생물, 그중에서도 특히 식물은 많은 양의 탄소를 저장할 수 있답니다. 그러니까 지구에 식물이 많아지면 더 많은 양의 탄소를 저장할 수 있는 셈이에요. 그만큼 탄소가 이산화 탄소로 변하는 양도 적어지고요. 당연히 온실가스도 줄어들겠죠?

건축 재료 중 하나인 콘크리트를 만들 때도 이산화 탄소가 나온답니다!

자꾸자꾸 농도가 짙어진다고?

대기 중 이산화 탄소의 농도를 측정할 때 피피엠(ppm)이라는 단위를 써요. 피피엠은 100만 분의 1이라는 뜻이에요. 인류 역사에서 대기 중 이산화 탄소의 농도는 대부분 300ppm을 넘지 않았어요. 그런데 1800년 이후로 농도가 계속 올라서, 지금은 415ppm을 넘어서고 있지요.

똑똑! 정보 창고

비행기로 떠나는 온난화 여행

백여 년 전만 해도 비행기를 타 본 사람은 거의 없었어요. 그렇지만 지금은 많은 사람들이 비행기를 이미 타 보았거나, 아마도 얼마 뒤에 타게 될 거예요. 그런데 비행기 역시 지구 온난화를 일으키는 요인 중 하나랍니다. 비행기가 온실가스를 꽤 많이 뿜어내거든요!

최초의 비행기는 누가?

인류가 하늘을 맨 처음 날기 시작한 건 언제일까요? 1783년, 프랑스의 몽골피에 형제가 최초로 승객을 태울 수 있는 열기구를 만들었을 때예요.

제트기
최초로 하늘을 난 제트기는 독일의 '하인켈 178'이에요.

1939년

1903년

1783년

동력 비행기
미국의 라이트 형제는 세계 최초로 동력을 이용해 하늘을 나는 기계를 만들었어요. 가솔린 엔진이 달린 비행기 '라이트플라이어호'가 하늘로 날아올랐지요.

열기구
몽골피에 형제가 최초의 열기구를 선보였어요. 첫 번째 승객은 오리와 수탉이었지요.

요즘엔 거의 10,000대의 비행기가 항상 하늘을 날고 있어요. 백만 명이 넘는 승객을 태우고 말이에요. 한 해 동안만 해도 항공 여객이 40억 명을 넘어선답니다.

멀리멀리

이제 비행기 여행은 전 세계 사람들에게 전혀 낯설지 않아요.

오늘날

점보!

미국의 초대형 점보 여객기 '보잉 747'이 등장했어요.

1970년

1952년

제트 여객기

최초의 상업용 제트 여객기인 '드 하빌랜드 코멧'이 영국에서 선보였어요.

비행기와 지구

비행기가 지구 온난화의 주범은 아니에요. 그렇지만 문제가 있긴 하죠. 자동차나 버스, 기차와 비교했을 때 승객 한 사람당, 그리고 킬로미터당 더 많은 온실가스를 내뿜거든요. 그것도 아주아주 높은 곳에서 말이에요. 그만큼 온실 효과에 더 큰 영향을 미치지요.

최근에는 저가 항공이 등장하면서, 저렴한 가격으로 더 먼 곳까지 갈 수 있게 되었어요. 그러다 보니 기후가 이렇듯 아슬아슬하게 변하고 있는데도, 사람들은 비행기를 점점 더 많이 탄답니다. 그 반대가 아니고요!

농업이 지구를 뜨겁게 만든다?

농업과 축산업 역시 지구 온난화의 중요한 원인이에요. 농업은 식물을 가꾸는 일이니까, 오히려 환경에 좋은 거 아니냐고요? 대규모로 꾸려진 농장은 다양한 경로로 온실가스를 배출해요. 농장을 어떤 방식으로 운영하느냐에 따라 심각성이 달라지지요.

농사지을 땅이 필요해!

농사를 짓기 위해선 땅을 개간해야 해요. 그럴 때 주로 숲의 나무를 베어 내게 되죠. 식물(나무)은 탄소를 많이 저장한다고 앞에서 얘기했죠? 그런데 베어진 나무는 썩으면서 이산화 탄소를 내보내요. 때로는 땅을 개간하려고 산에다 일부러 불을 지르기도 하지요. 그때마다 어마어마한 양의 이산화 탄소가 발생한답니다.

농작물도 탄소를 저장하기는 해요. 하지만 나무만큼 많이 저장하지는 못해요. 나무보다 크기가 작고, 오래 살지도 못하기 때문이에요.

불이야!

2019년, 남아메리카의 아마존에서 엄청나게 큰 불이 발생했다는 뉴스가 전해졌어요. 알고 보니, 경작하는 밭으로 길을 내기 위해 농부들이 일부러 불을 지른 거였답니다.

점점 부족해지는 땅

수백 년 전에는 인구가 훨씬 적었어요. 그러니까 사람들이 필요한 만큼 농사를 짓고 가축을 기른 뒤에도, 숲의 나무가 자라기에 충분한 땅이 있었지요. 그렇지만 지금은 인구가 폭발적으로 늘어나고 있답니다. 그만큼 식량이 더 필요해요. 농사 지을 땅도 더 있어야겠지요.

지구의 육지 면적

약 1만 2천 년 전, 60%

숲

오늘날, 30%

사람들이 처음 농사를 짓기 시작한 건 약 1만 2천 년 전이에요. 그땐 숲이 지구 육지 면적의 약 60%를 차지하고 있었어요. 지금은 그 비율이 약 30%로 떨어졌지요.

점점 늘어나는 동물 농장

모든 식량이 기후 변화에 똑같은 영향을 미치는 건 아니에요. 곡식보다는 고기를 얻으려 할 때 땅이나 전기, 물 등이 훨씬 더 많이 필요하거든요. 온실가스도 더 많이 나오죠. 특히 소에게서 많은 양의 메테인이 나와요. 메테인은 아주 강력한 온실가스랍니다.

소고기와 온실가스

소고기 1킬로그램을 생산할 때 배출되는 온실가스의 양을 다른 식품과 비교해 볼까요?

- 감자 9킬로그램
- 견과류 14킬로그램
- 렌틸콩 27킬로그램

날씨가 무서워진다고?

지구의 평균 기온이 올라가면서 전 세계 많은 지역에서 전에 없던 혹독한 폭염을 겪고 있어요. 그런데 기온이 올라간다고 해서 더위만 심해지는 게 아니에요. 그것 외에도 다양한 재해가 발생하거든요.

2019년 12월 28일, 오스트레일리아 날씨는 사상 최고로 뜨거웠어요. 평균 최고 기온이 무려 41.9°C였지요. 이렇게 무더운 날씨 때문에 오스트레일리아 곳곳의 들판과 숲에 엄청나게 큰 불이 났어요.

프랑스 파리의 풍경이에요. 사람들이 더위를 식히고 있어요. 2019년 폭염 때 모습이에요.

점점 더 더워져!

폭염은 정상 기온보다 훨씬 더 높은 기온이 며칠 혹은 몇 주 동안 이어지는 걸 말해요. 예를 들어 2019년에 오스트레일리아는 자국 역사상 가장 더운 12월이라는 기록을 세웠어요. 유럽의 여러 나라도 2019년 7월에 폭염으로 최고 기온을 경신했지요. 추운 나라에 사는 사람들은 폭염이 나쁘지 않다고 생각할지도 몰라요. 그렇지만 폭염은 위험한 날씨예요. 수많은 사람이 고열과 탈수로 사망할 수 있거든요. 특히 노약자들은 매우 위험하지요.

기괴한 날씨

지구 온난화는 지역에 따라 각기 다른 방식으로 날씨를 변화시켜요. 그래서 몇몇 나라에서는 지구 온난화를 '지구 기괴화'라고도 부르지요. 날씨를 따뜻하게만 만드는 게 아니라 기괴하고 극단적으로 바꾸니까요.

사막이나 건조한 지역에서는 날씨가 더워지면서 점점 더 건조해져요. 가뭄이 오는 거죠.

해안 지역에는 비가 훨씬 더 많이 내려요. 평소보다 높은 열기에 바닷물이 더 많이 증발하고, 그것이 결국 비가 되어 다시 내리는 거예요.

따뜻해진 공기가 위쪽으로 올라갔다가 차가워지면, 다시 아래로 내려오면서 바람이 불어요. 그러니까 기온이 변덕스러우면 폭풍우가 더 거세지겠지요.

도미노 효과

극단적인 날씨는 우리 삶에 직접적으로 영향을 미쳐요. 가뭄으로 들판의 풀과 나무가 메마르면 들불이 더 쉽게 생겨나고 더 잘 번지겠지요? 또 홍수로 식수 공급원이 오염되면 질병이 생기기 쉬워요.

단단한 빙하가 녹고 있어!

지구 표면은 70% 이상이 물이에요. 물은 지구에서 제일 추운 남극과 북극, 그리고 높은 산 위에서 얼어붙어 빙상과 빙하가 되지요. 그런데 지구가 점점 더워지면서 세계 각 지역의 빙하가 계속해서 녹고 있어요.

북극해가 녹는다고?

북극 지방은 가상의 경계선인 북극권의 안쪽이에요. 북극의 가장자리에는 육지가 있지만, 가운데는 북극해예요. 북극해는 겨울에 얼어붙었다가 여름이 되면 일부가 녹지요. 그런데 지구 온난화가 시작된 뒤로 녹는 지역이 점점 늘고 있어요.

빙하가 녹는다

대륙의 빙상과 빙하도 예전보다 많이 녹고 있어요. 앞으로 기온이 계속 올라간다면 그린란드와 남극 지방의 빙하가 녹아서, 많은 양의 물이 바다로 흘러들 거예요. 빙하가 녹으면서 탄저균과 같은 세균이 되살아나 큰 피해를 끼치기도 한답니다!

자꾸자꾸 높아지는 해수면

빙하가 녹으면 지구 전체에 문제가 생겨요. 바닷물이 늘어나서 해수면이 높아지거든요. 1880년 이후 지구의 평균 기온이 1℃ 가까이 오르면서 해수면이 약 23센티미터 상승했어요. 빙하가 계속 녹고 있기 때문에 해수면은 앞으로 더 상승할 거예요. 그러면 해안 지역을 점점 더 많이 차지하게 되겠지요. 과학자들은 평균 기온이 1℃ 오를 때마다 해수면이 2~3미터까지 상승할 수 있다고 보기도 해요.

오스트레일리아 브리즈번의 샌드게이트 지역에서 바닷물이 육지로 밀려들고 있어요. 마치 홍수가 난 것 같지요?

바닷물이 많아지면?

1. 빙하(얼음)는 태양빛을 반사해서 다시 대기로 돌려보내요. 당연히 지구를 시원하게 유지하는 데 도움이 되죠.

2. 그런데 얼음이 녹아 바닷물이 많아지면 지구의 반사 능력이 떨어져요.

3. 바다는 얼음과 달리, 태양빛을 많이 흡수해요. 그러면 지구는 더 더워지겠죠? 그것 때문에 얼음이 또 녹게 되어요. 얼음이 녹는 속도가 점점 빨라지는 거지요. 이것이 계속 반복되는 거예요.

똑똑! 정보 창고

오크예퀴들 빙하의 슬픈 운명

세계 곳곳에서 빙하가 녹고 있어요. 벌써 자취를 감춰 버린 빙하도 있지요. 아이슬란드의 오크예퀴들 빙하도 그중 하나예요. 몇 년 동안 계속해서 작아지다가, 2014년에 결국 더는 빙하가 아니라는 선고를 받기에 이르렀어요. 이젠 예전 사진 속에서나 찾아볼 수 있게 된 거예요.

아이슬란드
오크예퀴들 빙하

빙하가 뭐야?

빙하는 천천히 움직이는 크고 두꺼운 얼음 덩어리를 말해요. 극지방이나 높은 산처럼 눈이 두껍게 쌓인 추운 곳에서 만들어져요. 켜켜이 쌓인 눈이 다져지면서 얼음으로 변한 다음, 비탈길을 따라 천천히 아래로 움직이지요.

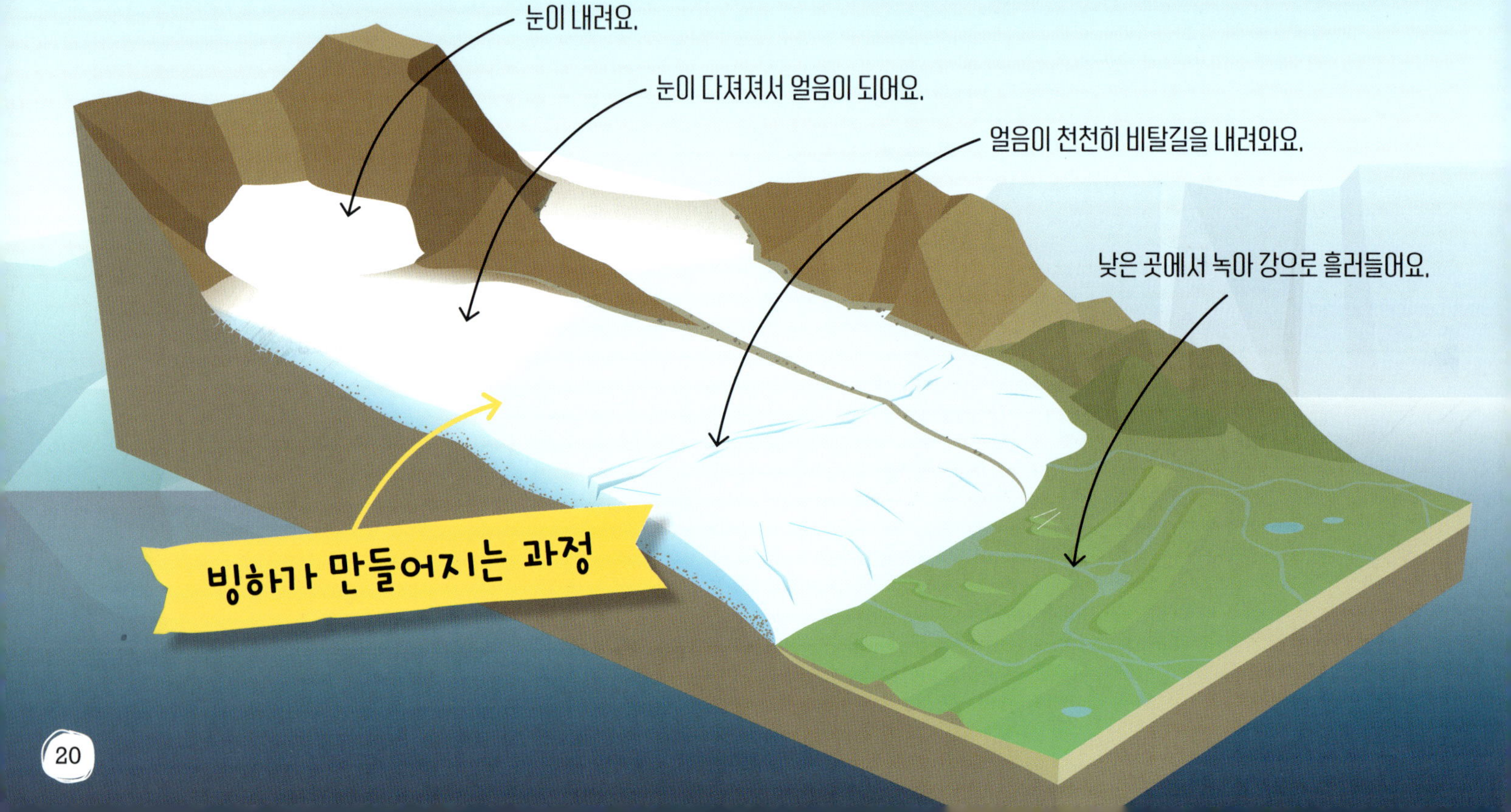

눈이 내려요.
눈이 다져져서 얼음이 되어요.
얼음이 천천히 비탈길을 내려와요.
낮은 곳에서 녹아 강으로 흘러들어요.

빙하가 만들어지는 과정

빙하가 작아지다가…

오크예퀴들은 '오크 지방의 빙하'라는 뜻이에요. 원래는 아이슬란드 서쪽 오크 지방의 화산을 덮고 있던 작은 빙하였어요. 백여 년 전에는 면적이 15제곱킬로미터가 넘었는데, 2019년 즈음에는 거의 자취를 감추었어요.

1986년의 오크예퀴들

2019년의 오크예퀴들. 이젠 그냥 '오크'가 되었답니다.

빙하의 장례식

2019년, 아이슬란드는 오크예퀴들 빙하의 장례식을 치렀어요. 아이슬란드 대통령은 기후학자, 환경 운동가들과 함께 오크 화산에 올라 특별한 장례식을 치르며 기후 변화에 대해 연설했어요. 장례식이 빙하를 추모하는 데 그치는 게 아니라, 전 세계에 지구 온난화의 심각성을 알리는 계기가 되길 바란 거예요.

아이슬란드의 유명 작가 안드리 스나이어 마그나손은 빙하를 위한 추모글 〈미래로 보내는 편지〉를 썼어요. 이 글은 아이슬란드어와 영어로 동판에 새겨 오크 화산의 바위에 보존하고 있지요.

얼음에 관한 서늘한 진실

지구는 육지의 약 10%가 빙하와 빙상으로 덮여 있어요.

우리는 매년 3,350억 톤에 달하는 빙하와 빙상을 잃고 있어요.

지구의 빙하와 빙상이 모두 녹으면 해수면은 70미터까지 상승할 거예요.

야생 동물은 어떻게 될까?

기후 변화는 날씨뿐 아니라 땅과 물에도 영향을 미쳐요. 당연히 야생 동물과 식물도 큰 영향을 받게 되겠지요. 어떤 종인지, 어디에 사는지, 먹이가 무엇인지 등에 따라 각각 영향을 받는답니다. 물론 좋은 일보다는 나쁜 일이 더 많을 거예요. 그럼 야생 동물들의 사정을 알아볼까요?

북극곰

북극곰은 빙하가 있어야만 이동하고 사냥할 수 있어요. 북극의 빙하가 녹아 갈라지면서 북극곰이 먹이를 찾기가 점점 더 어려워지고 있지요.

남극 크릴

크릴은 아주 작은 새우처럼 생긴 바다 생물이에요. 바다의 얼음 아래 살면서 거기서 자라는 조류를 먹어요. 얼음이 녹으면서 크릴의 숫자도 줄어들고 있어요.

아프리카코끼리

코끼리는 마실 물을 찾아서 아주 먼 곳까지 이동해요. 가뭄이 심해지고 사막이 점점 넓어지면 물을 찾기가 더욱 힘들어질 거예요.

바다거북

바다거북은 해안가 모래사장에 알을 낳아요. 해수면이 높아지고 폭풍우가 거세어지면 모래사장이 훼손되고, 그럼 거북이 알을 낳을 곳도 줄어들겠지요.

태평양 연어

연어는 세차게 흐르는 차가운 물에 알을 낳아요. 물이 따뜻해지거나 하천이 말라 버리면 번식하지 못할 수도 있어요.

코알라

이산화 탄소 농도가 올라가면서 코알라의 주식인 유칼립투스 나뭇잎의 영양소가 줄어들고 있어요. 잦은 가뭄과 산불이 코알라의 서식지를 위협하기도 하지요.

생태계를 뒤흔들다

생물은 혼자 힘으로 살아갈 수 없어요. 그래서 생태계를 이루어 살지요. 각자의 서식지를 공유하고, 서로에게서 먹이를 구하는 거예요. 남극에서는 물개와 펭귄이 크릴을 먹고, 범고래는 물개와 펭귄을 먹어요. 그러니까 하나의 종이 줄어들면 다른 종에게도 영향을 미치게 되지요. 예를 들어 크릴이 줄어든다고 생각해 볼까요?

남극해의 먹이 사슬이에요. 여러 생물이 서로 먹고 먹히는 관계로 얽혀 있어요.

똑똑! 정보 창고

위기에 처한 대산호초

대산호초는 엄청나게 큰 산호초 지대를 말해요. 오스트레일리아 해안을 따라 수천 개의 산호초가 2,300킬로미터에 걸쳐 펼쳐져 있지요. 그런데 최근 들어 이곳이 빠르게 변하고 있어요. 지구 온난화로 산호초가 훼손되고 있거든요.

대산호초

오스트레일리아

산호초가 뭐야?

산호초는 일종의 커다란 조개껍데기 같아 보여요. 산호는 자그마한 해양 생물로, 언뜻 보면 말미잘처럼 생겼답니다. 산호는 큰 집단인 군체를 이루어서 모여 사는데, 각각의 군체는 자라면서 함께 살 수 있는 딱딱한 껍데기를 만들어요. 이 껍데기 역시 산호라고 부르지요. 시간이 흐르면서 산호가 쌓이고 쌓여 점점 커지는데, 이것이 바로 산호초예요.

산호충

산호 껍데기

산호의 백화 현상

산호의 '백화 현상'은 바닷물이 따뜻해질 때 생겨요. 산호는 몸속에 조류를 품고 사는데, 이 조류로 에너지를 얻을 뿐 아니라 특유의 화려한 색감도 뽐낼 수 있어요. 그런데 바닷물이 너무 따뜻해지면 산호가 조류를 뱉어 내면서 색깔이 바래게 되어요. 이때 마치 탈색한 것처럼 하얗게 보여서 백화 현상이라고 부르지요.

대산호초는 2014년부터 여러 차례 폭염에 노출되었어요. 그래서 백화 현상에 많이 시달렸지요. 2016년에는 대산호초의 5분의 1에 해당하는 산호가 영향을 받았답니다. 백화 현상에서 스스로 회복하는 경우도 있지만, 연거푸 겪게 되면 대부분 죽고 말아요. 그러면 산호초를 보금자리로 삼는 수많은 물고기들은 물론, 해양 생태계 전체에 큰 영향을 미치게 되지요.

하얗게 변한 산호초

그게 전부가 아니야!

기후 변화는 다른 방식으로도 산호초에 영향을 미쳐요.

★ 공기 중에 이산화 탄소가 너무 많으면 일부가 바닷물에 녹아들기도 해요. 그러면 바닷물의 산성이 강해지지요. 이것 때문에 산호가 약해질 수도 있어요.

★ 태풍이 더욱 강력해지면 산호초가 심하게 훼손될 수 있어요.

산호초가 약 3,000여 개 있어요.

섬이 900개 있고요.

대산호초 지대에는…

600종이 넘는 산호가 살아요.

서식하는 물고기는 1,600종이 넘지요.

인간에게 미치는 심각한 영향

세계는 수많은 사람들의 보금자리예요. 세계 인구는 약 78억 명에 달하는데, 지금도 계속 늘어나고 있어요. 늘어나는 인구 때문에 지구 온난화는 더 심해졌고, 이미 우리에게 큰 영향을 미치고 있지요. 또 그 영향은 앞으로 더욱 커질 거예요.

건강을 해치다

기후 변화는 사람의 건강에 여러 가지 심각한 해를 끼칠 수 있어요.

★ 날씨 변화가 심해지면 각종 세균이나 바이러스 등이 활개칠 거예요. 코로나19처럼 말이에요.

★ 폭염이 계속되면 고열이 나서 아플 수도 있고, 심하면 사망할 수도 있어요.

★ 따뜻한 날에 바람이 불지 않으면 오염된 공기가 한곳으로 모여 천식 등 호흡기 질병을 일으켜요.

★ 심한 폭풍우나 태풍같이 거친 날씨는 위험해요. 홍수가 나서 생명을 위협할 수도 있지요.

치명적인 질병을 퍼뜨리는 모기는 따뜻하고 축축한 환경에서 잘 번식해요. 날씨가 따뜻해지면서 모기의 개체 수가 점점 늘어나고 있답니다.

위험에 처한 보금자리

해수면이 높아지고 태풍이 자주 몰려오면서 섬이나 해안가에 사는 사람들이 위기에 처하고 있어요. 현재 세계 인구의 40%가 바다로부터 100킬로미터 안쪽에 살고 있는데, 태풍으로 집이 피해를 입게 되면 이 사람들은 고향을 떠나야 해요. 또 가뭄이나 폭염, 산불로 사람들의 보금자리가 무너지기도 하지요.

파푸아 뉴기니 인근 카터렛 군도에서 주민들이 바다에 제방을 쌓고 있어요.

점점 줄어드는 식량

모든 사람은 먹어야 살 수 있어요. 사람들은 대부분의 식량을 농사를 지어 생산하지요. 그런데 가뭄과 홍수, 태풍과 산불, 해수면 상승 등은 논밭과 농작물을 망칠 수 있어요. 그럼 어떻게 될까요? 농사짓기가 힘들어져 식량이 모자라게 될 거예요.

앞으로 어떤 일이 벌어질까?

기온이 예측대로 계속 오른다면 수많은 사람들이 더 안전하거나 덥지 않은 곳을 찾아 이동하게 될 거예요. 그러면 어떤 곳에서는 식량이 부족해지거나 질병이 대유행할 수도 있어요. 우리가 빨리 해결책을 찾아내지 못한다면 말이죠!

똑똑! 정보 창고

무시무시한 슈퍼 태풍 하이옌

2013년 11월 7일, 슈퍼 태풍 하이옌이 엄청난 폭풍우를 몰고 필리핀을 덮쳤어요. 하이옌은 역대 열대성 저기압(태풍) 중에서 손꼽을 정도로 파괴력이 강했지요.

태풍이 뭐야?

태풍은 열대성 저기압의 한 종류예요. 소용돌이치는 거대한 폭풍우라고 할 수 있어요. 열대성 저기압은 지역에 따라 이름이 다양한데, 북태평양 서부에서는 태풍, 인도양에서는 사이클론, 대서양에서는 허리케인이라고 불러요. 태풍은 바닷물의 온도가 최소 27℃가 넘는 열대의 바다에서 만들어져요. 많은 양의 물이 증발하면서 나선형으로 몰아치는 거대한 구름이 생겨나는 거예요. 열대성 저기압이 육지에 닿으면 거센 파도를 일으키면서 많은 양의 비와 강한 바람이 해안 지역을 강타하게 되지요.

슈퍼 태풍 하이옌이 필리핀으로 접근하는 모습을 위성으로 촬영한 사진이에요.

재난을 몰고 오는 태풍

하이옌이 필리핀을 통과하면서 사망자가 속출했어요. 바람은 시속 300킬로미터가 넘는 속도로 건물을 무너뜨렸고, 나무는 뿌리째 뽑혀 나갔지요. 최대 7미터 높이의 파도가 해안가를 삼켜 버렸고, 태풍이 몰고 온 비구름은 하루 300밀리미터에 달하는 비를 뿌렸답니다. 그 바람에 홍수로 필리핀의 많은 마을이 크게 파괴되었어요.

- **풍속**: 최고 시속 305킬로미터
- **전체 사망자 수**: 6,300명 이상
- **태풍 하이옌**
- **집을 잃은 이재민 수**: 190만 명
- **수해 복구 비용**: 약 5조 9천5백억 원

기후학자들은 앞으로 열대성 저기압이 더 강력해질 것으로 예측해요. 하이옌보다 더더욱 강력한 태풍이 나타나 앞선 기록을 순식간에 깨뜨릴 수도 있어요.

거세진 태풍도 기후 변화 탓일까?

태풍이나 허리케인은 예전에도 있었어요. 그러니까 기후 변화 때문에 하이옌 같은 태풍이 생겨났다고 딱 잘라 말하기는 어려워요. 그렇다 해도 바다가 따뜻할 때 열대성 저기압이 발생하게 되니까, 바다의 온도가 올라갈수록 태풍이 더 강력해지겠지요. 최근에 등장한 태풍들이 힘과 속도, 파괴력 면에서 새로운 기록을 갈아치우고 있는 것도 다 그 때문이에요.

국제 사회가 움직인다!

기후 변화와 지구 온난화는 굉장히 무시무시해 보여요. 사실 보기에만 무서운 게 아니라 실제로도 그렇답니다! 다행히 이제 국제 사회도 행동에 나서고 있어요. 지구의 미래가 달린 심각한 문제를 해결하려면 많은 국가가 서로 힘을 합쳐 계획을 세우고 철저히 지켜야만 해요.

기온을 낮춰라!

국제연합(UN)은 1992년부터 국제 기후 변화 총회를 개최하고 있어요. 지구 온난화를 막고 규제할 방법을 찾기 위해서예요. 2015년 프랑스 파리에서 열린 총회에서 세계 여러 나라가 '파리 협약'에 서명했어요. 지구의 평균 기온 상승을 2°C보다 낮게 유지할 수 있도록 모든 조처를 취하기로 합의한 거예요.

온실가스 챌린지

목표를 달성하려면, 공기로 배출되는 온실가스의 양을 즉시, 그리고 대폭 줄여야 해요. 천천히 줄여서는 힘들답니다! 배출되는 온실가스의 약 80%를 줄여야 더워지는 걸 막을 수 있거든요.

세계는 어떤 일을 하고 있을까?

- 화석 연료를 사용하는 차량 금지! 프랑스는 2040년부터 모든 휘발유와 경유 차량의 운행을 금지할 거라고 발표했어요. 다른 국가들도 비슷한 법을 만들고 있지요.

- 온실가스를 배출하는 기업에 세금이나 벌금을 부과하는 나라가 늘고 있어요.

- 재생 에너지를 사용하는 기업이나 가정에 혜택을 주는 경우도 있지요.

- 풍력 발전, 파력 발전, 조력 발전, 태양광 발전 등을 개발해 화석 연료를 사용하는 발전소를 점차 대체하고 있어요.

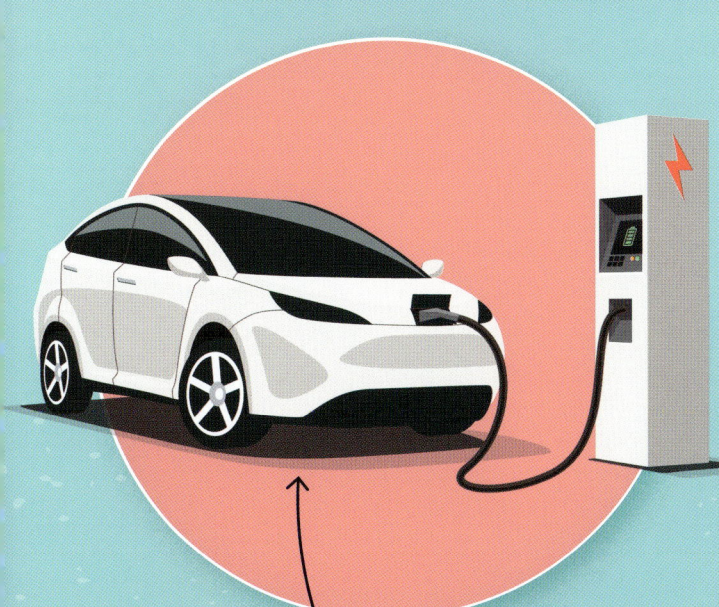

전기차는 휘발유나 경유를 사용하는 자동차와는 달리 온실가스 배출이 훨씬 적어요.

중앙아메리카의 코스타리카는 다양한 방법으로 재생 에너지를 생산하고 있어요.

풍력 발전

지열 발전은 지하의 화산이 품고 있는 열에서 에너지를 얻어요.

수력 발전은 강물에서 에너지를 얻어요.

태양에서도 에너지를 얻을 수 있어요.

이산화 탄소 체포 작전

대기에서 이산화 탄소를 제거하는 일도 매우 중요해요. 나무를 많이 심으면 이산화 탄소를 빨아들이는 데 도움이 되겠지요. 그래서 인도와 에티오피아에서는 대규모 나무 심기 프로젝트를 진행하기도 했답니다.

2019년 7월 29일 월요일, 에티오피아에서는 전 국민의 20%가 넘는 2천3백만 명이 식목일 행사에 참여했어요. 하루 동안 2억 그루가 넘는 나무를 심었죠.

나무를 심으면 공기 중의 이산화 탄소를 줄일 수 있어요.

우리가 할 수 있는 일

이럴 수가! 우리가 매일 하는 행동 중에 기후 변화에 나쁜 영향을 주는 게 셀 수 없이 많다는 사실, 알고 있었나요? 반대로 생각하면, 그건 우리가 할 수 있는 일이 그만큼 많다는 뜻이기도 하지요!

움직이는 게 최고!

가까운 곳에 갈 때는 걷거나 자전거를 타세요. (물론 안전이 제일이지요!) 먼 곳이라면 자동차 말고 버스나 지하철을 타고요. 꼭 자동차를 타야 한다면 카 셰어링(한 대의 차를 여러 사람이 나누어 빌려 쓰는 일)을 이용하자고 부모님께 제안해 보세요. 그럼 도로를 달리는 자동차가 점점 줄어들 거예요.

마당을 푸릇푸릇하게

집에 마당이 있다면 초록빛으로 가꿔 보세요! 꽃과 잔디, 나무는 이산화 탄소를 흡수하니까, 마당을 시멘트로 덮어 버리는 것보다 환경에 훨씬 더 이롭겠죠? 아, 마당이 없다고요? 그럼 학교에 나무를 심자고 건의해 보면 어떨까요?

비행기 말고 기차나 배

하늘을 나는 건 신나는 일이지만, 지구 환경에는 무척 해로워요. (적어도 전기로 움직이는 비행기가 나오기 전까지는 말이에요.) 여행을 한다면 집에서 가까운 곳으로 기차나 배를 타고 가 보세요. 이산화 탄소 배출을 훨씬 줄일 수 있을 거예요.

세 시간짜리 비행을 하면 승객 한 사람당 온실가스가 대략 1톤 정도 발생해요. 집에 있는 컴퓨터 한 대를 십 년 동안 끄지 않고 켜 두는 것과 맞먹는 양이지요.

생활 속 에너지 절약

가스로 난방을 하는 가정이 많아요. 물론 전기도 화석 연료를 사용해서 만드는 경우가 대부분이지요. 그러니까 난방을 덜 하고 전기를 아끼면 온실가스 배출량을 줄일 수 있답니다!

★ 사용하지 않을 때는 가전제품의 코드를 뽑고 아무도 없는 방의 불은 꺼 두어요.

★ 빨래를 말릴 때 전기를 많이 소모하는 건조기를 쓰지 말고 되도록이면 햇볕에 널어요.

★ 샤워를 너무 길게 하지 말아요. 오 분 정도로 줄여 물을 아껴 보아요.

★ 가능한 한 난방을 줄이고, 세탁기를 돌릴 때 물의 온도를 냉수로 맞추어요.

쇼핑할 때 주의점

장을 볼 때는 지역 농산물을 고르세요. 너무 멀리서 오지 않은 것으로요. 이동한 거리가 짧으면 그만큼 온실가스 배출이 적겠죠? 가축을 사육하면 많은 양의 탄소가 배출되니까, 고기를 덜 사는 것도 도움이 되지요. 한번 만들어진 물건을 재사용할 수 있는 중고 시장을 이용하는 것도 좋답니다!

이동 혁명이 일어났다!

우리는 지구를 누비는 데 이미 익숙해요. 자동차로, 기차로, 비행기로 온실가스를 마구 뿜어내면서 말이에요. 이젠 바뀌어야 해요! 이동하는 방법을 바꾸는 것도 중요하지만, 이동 자체를 줄이는 편이 좋겠지요.

전기로 이동한다고?

자동차는 발명된 이래 휘발유나 경유로만 움직였어요. 둘 다 화석 연료인 석유로 만드는 연료예요. 그러니까 온실가스 배출량을 줄이려면 전기 자동차로 바꾸어야 해요. 전기 자동차는 전기의 힘으로 움직여요. 전기를 풍력 에너지 같은 재생 에너지로 만든다면 온실가스를 전혀 배출하지 않는 거예요!

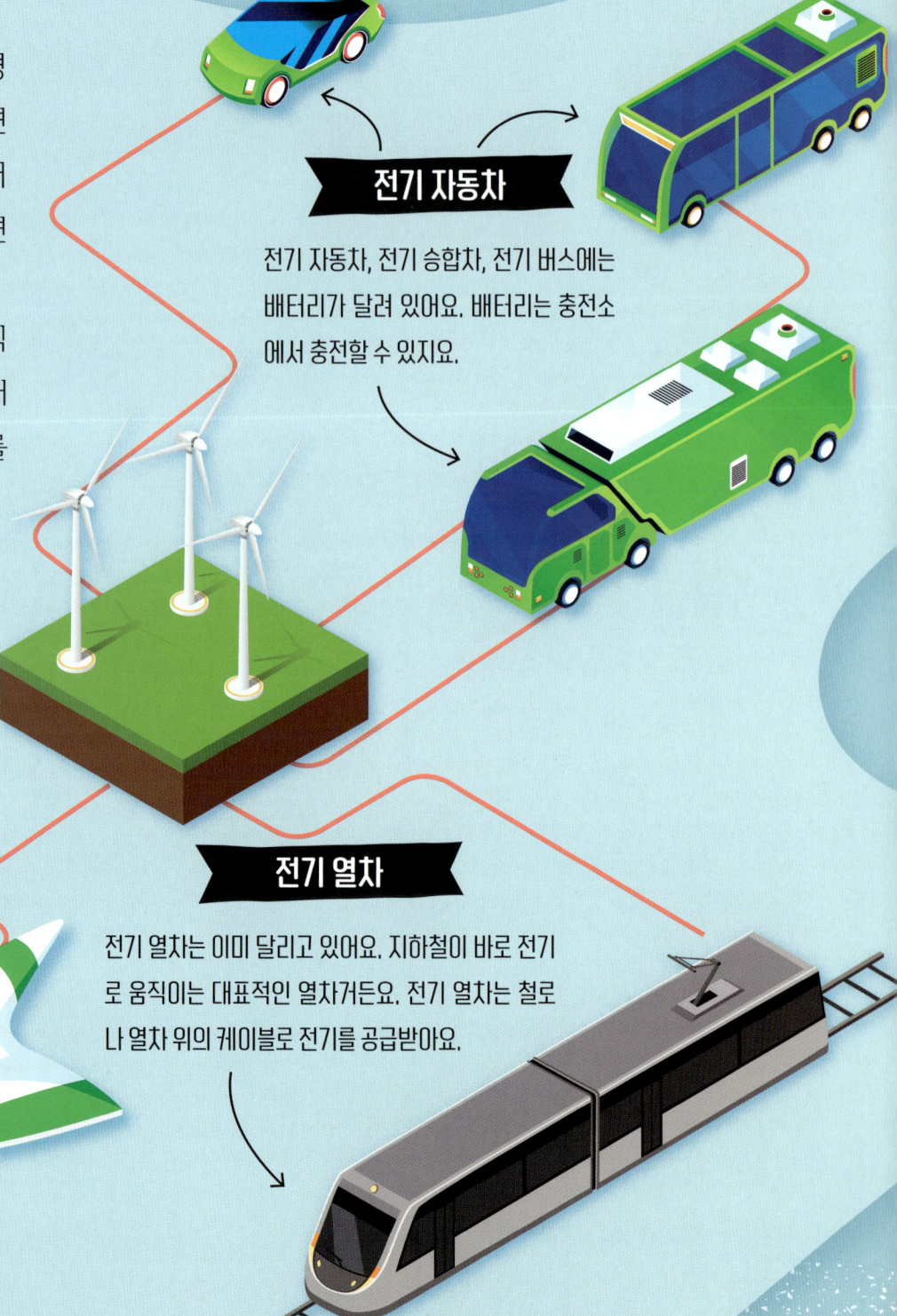

전기 자동차
전기 자동차, 전기 승합차, 전기 버스에는 배터리가 달려 있어요. 배터리는 충전소에서 충전할 수 있지요.

전기 비행기
전기 비행기는 만들기가 굉장히 어려워요. 비행기는 엄청나게 많은 양의 전기를 필요로 하니까요. 그렇지만 최초의 시제품이 벌써 하늘을 날고 있답니다.

전기 열차
전기 열차는 이미 달리고 있어요. 지하철이 바로 전기로 움직이는 대표적인 열차거든요. 전기 열차는 철로나 열차 위의 케이블로 전기를 공급받아요.

사람의 힘

지구에 가장 이로운 이동 수단은 걷기와 자전거예요. 우리가 사는 도시를 점차 걷거나 자전거를 타기에 안전한 곳으로 바꾸어야 해요. 걷거나 자전거를 타면 건강이 덤으로 따라온답니다!

많은 도시가 자전거 전용 도로를 만들고 있어요.

12억 대 — 전 세계에 자동차가 이렇게 많아요.

3천만 킬로미터 — 지구상의 도로를 모두 연결한 길이예요.

20% — 전체 온실가스에서 교통수단이 차지하는 비중이에요.

안 만나도 돼!

수백만 명의 사람들이 다른 사람을 만나서 일을 하기 위해 먼 곳을 오가요. 이런 여행은 횟수를 줄일 수 있답니다! 인터넷 덕분에 점점 더 많은 사람이 집에서 일할 수 있게 되었고, 온라인에서는 실제로 만나지 않고 의견을 나누는 화상 회의를 진행할 수도 있어요.

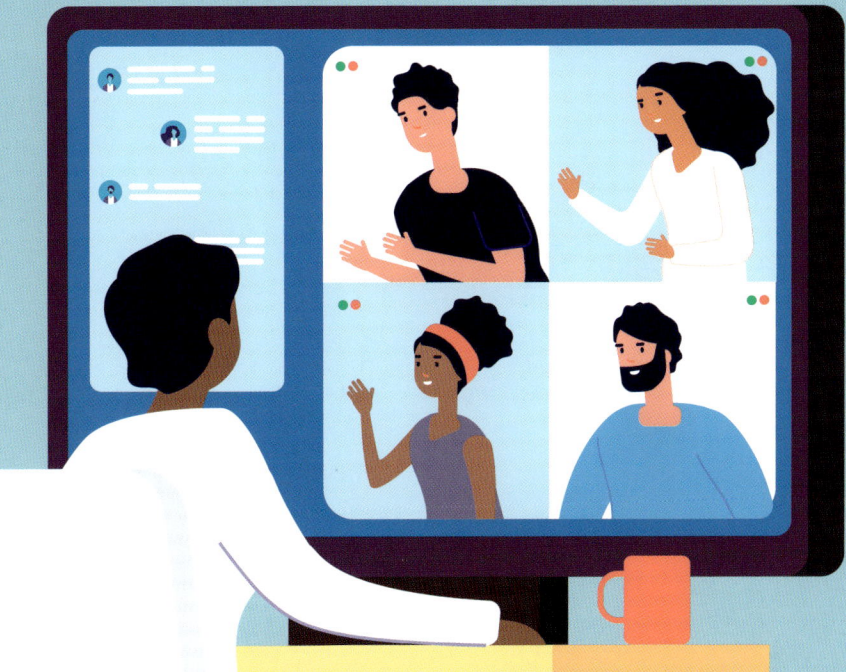

에너지는 어디에서 올까?

컴퓨터와 프린터, 또는 게임기를 전원에 연결할 때마다 우리는 제품을 작동시키기 위해 전기를 사용해요. 만약 전기가 화석 연료를 사용하는 발전소에서 나온 거라면, 온실가스 배출과 지구 온난화에 짐을 보태고 있는 셈이랍니다.

재생 에너지

화석 연료를 태워서 전기를 생산하는 일은 이제 그만! 대신 재생 가능한 에너지를 활용해야 해요. 고갈될 걱정이 없고, 온실가스도 내뿜지 않는 에너지 말이에요!

풍차는 바람을 이용해서 터빈을 돌려요. 바람의 힘을 전기의 흐름으로 변환하는 거예요.

수력 발전소는 아래쪽으로 흐르는 강물의 힘을 이용해서 터빈을 돌려요.

태양광 전지판에는 특별한 물질이 있어서, 태양빛을 모아 전기로 변환하지요.

지열 발전소는 땅속 깊은 곳의 열을 이용해서 전기를 만들어요.

또 다른 재생 에너지

다른 재생 에너지도 개발되고 있어요. 파도를 이용(파력 발전)하거나, 밀물과 썰물의 차를 이용(조력 발전)하는 터빈도 건설 중이에요. 해안선이 긴 나라에 안성맞춤이겠죠?

조력 발전은 밀물과 썰물이 들고 날 때 발생하는 힘으로 터빈을 돌려 에너지를 모아요.

브라질 리우데자네이루의 이 운동장은 조명의 전원이 태양광 전지판과 특수 타일로 만들어져 있어요. 특수 타일은 선수들이 움직일 때 생기는 힘을 전기로 변환하지요.

초록색 세상

기후학자들은 늦어도 2050년까지 전 세계가 100% 재생 에너지를 이용할 수 있도록 바뀌어야 한다고 충고해요. 노르웨이와 코스타리카 등 몇몇 국가는 이미 에너지의 대부분을 재생 에너지로 생산하고 있지요. 지금부터는 더 서둘러야만 해요!

미래의 첨단 농업

여행은 줄일 수 있고, 에너지는 아끼면 되고, 물건은 덜 살 수 있어요. 그렇다면 농업은 어떨까요? 다른 것들과 달리, 식량은 우리에게 정말로 꼭 필요해요! 그러니 그만두는 대신, 달라져야 해요.

소고기는 이제 그만?

축산업 중에서도, 특히 소를 사육할 때 온실가스가 아주 많이 배출되어요. 그렇지만 해결이 쉽지 않아요. 물론 사람들이 고기를 덜 먹고 곡물 위주로 식사할 수는 있지요. 그렇지만 사람들에게 소고기와 우유를 포기하라고 강요하긴 어려워요. 또 어떤 지역은 가축을 사육하기에는 좋지만, 곡물을 재배하기에는 적당하지 않을 수도 있고요. 한 가지 해결책이 연구 중이에요! 실험실에서 동물 세포를 이용해 고기와 우유를 배양하는 방법이랍니다.

연구실에서 배양한 고기는 아직 인기가 많진 않아요. 하지만 곧 커다란 가축을 대체할 수 있을 것으로 예측되어요.

≋ 곤충으로 식사를 ≋

곤충은 여러 나라에서 이미 인기 있는 식재료이자, 전문가들이 생각하는 미래의 식량 위기를 극복할 한 가지 해결책이에요. 귀뚜라미, 메뚜기, 밀웜 등이 대표적이지요. 곤충은 작고, 빨리 자라며, 단백질의 좋은 공급원이라는 점에서 미래 농업의 좋은 대안이 될 수 있어요.

메뚜기

귀뚜라미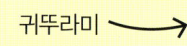

밀웜

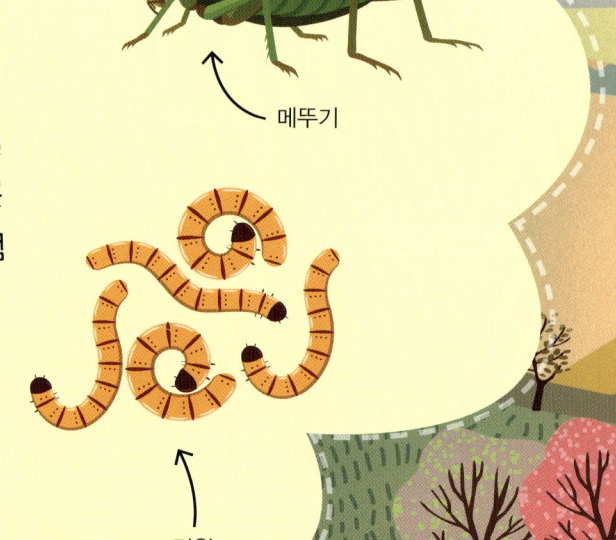

수직 농장이 등장하다

수직 농장은 길쭉한 온실처럼 생긴 실내 농장이에요. 층층이 놓인 선반에 물과 각종 영양소를 공급해서 농작물을 재배하지요. 바깥과 차단되어 있어서 작물이 해충이나 날씨의 영향을 훨씬 덜 받아요. 공간을 많이 차지하지 않아서 도시에도 만들 수 있답니다! 그러면 농작물이 도시 한복판의 시장까지 오느라 먼 거리를 이동하지 않아도 되겠지요?

수직 농장의 실제 모습이에요.

물 공급

채소, 토마토 등의 농작물

탄소 농법

이미 운영 중인 농장들도 개선할 수 있는 방법이 있어요. '탄소 농법'으로 탄소를 잡아 둘 수 있거든요. 달걀을 생산하기 위해 닭을 기르고 있다면, 농장 주위에 과일나무를 심어요. 그리고 그 아래에 닭을 놓아기르는 거예요. 이렇게 하면 과일나무가 이산화 탄소를 흠뻑 빨아들일 뿐 아니라, 사과나 배 등 맛난 과일까지 제공하지요.

최신 과학이 찾은 해결책

지구 온난화에는 곧 다양한 해결책들이 등장할 거예요. 전 세계 과학자들이 지구를 식힐 기발한 아이디어와 혁신적인 기술을 연구 중이거든요. 가장 최신 과학 이론을 적용해서 말이에요.

인공 나무를 심다

나무를 많이 심는 건 무척 중요해요. 음, 인공 나무는 어떨까요? 인공 나무는 특수한 재질로 만들어져서 진짜 나무보다도 빨리 이산화 탄소를 빨아들일 수 있어요. 빨아들인 이산화 탄소는 따로 모아서 저장하거나 다른 유용한 물질을 만드는 데 쓸 수 있겠지요.

우주 차광막

우주에 차광막을?

또 다른 해결 방안은 우주에 태양빛을 막는 거대한 차광막을 설치해서 지구의 열기를 식히는 거예요. 비용이 아주아주 많이 들겠지만, 실현할 수 있는 아이디어도 많아요. 우선 작은 비행 로봇 수십억 대를 쏘아 올린 뒤, 지구 궤도에서 합체해 차광막으로 만드는 방법이 있어요. 또 태양광 전지판 같이 넓고 얇은 판을 이용할 수도 있고요. 태양빛도 가리고 에너지도 얻을 수 있으니 일석이조겠지요?

바다를 누비는 나노봇

지나치게 많은 양의 이산화 탄소는 대기뿐만이 아니라 바다에도 골칫거리예요. 과학자들은 나노봇을 개발하고 있어요. 아주 작은 로봇인 나노봇은 바닷물에 녹은 이산화 탄소를 빨아들인 다음, 화학 작용을 이용해 이산화 탄소를 조개껍데기 같이 단단한 물질로 바꿀 수 있어요. 이런 수백만 개의 나노봇이 바닷속을 누비면 바다의 이산화 탄소 농도를 낮출 수 있겠지요.

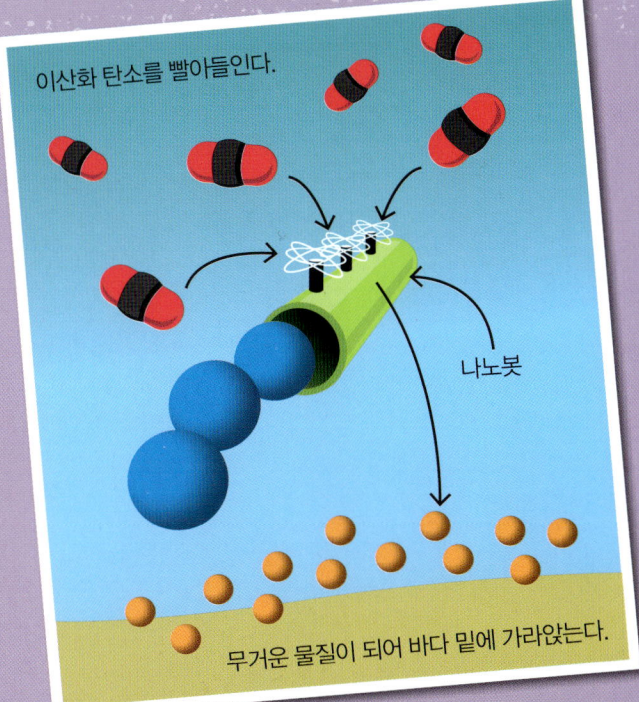

이산화 탄소를 빨아들인다.

나노봇

무거운 물질이 되어 바다 밑에 가라앉는다.

미래의 연료는 온실가스나 오염 물질을 전혀 내뿜지 않을 거예요.

탄소 저장하기

대기 중의 이산화 탄소를 빨아들였다면 어딘가에 쌓아 두어야 해요. 지하에 저장할 수도 있지만, 다른 물질과 혼합해서 바위, 벽돌, 탄소 섬유, 더 나아가 연료로도 만들 수 있답니다. 이산화 탄소를 다양하게 활용하는 거예요!

인공 나무, 우주 차광막 등 혁신적인 장비를 만드는 데 사용할 수 있을 거예요.

해수면 상승으로 바닷물이 넘치는 걸 막을 방파제나 농사를 지을 수 있게 인공 땅을 만드는 데도 쓸 수 있겠지요.

청정 연료로서 비행기나 로켓에도 사용하게 될 거예요!

미래는 과연 시원할까?

우리가 행동하기에는 이미 늦은 걸까요? 지구는 앞으로 계속해서 더워지기만 할까요?
아니면 아직 행복한 결말이 가능할까요?

과학자들의 예측

기후학자들은 진실을 알고 있어요. 지구 온난화의 영향을 측정하고 추적하며 연구하는 사람들이니까요. 기후학자 대부분은 지구가 정말 점점 더워지고 있고, 사람들이 그렇게 만들었다는 데 동의해요. 그리고 중요한 건, 우리가 최대한 빨리 바로잡아야 한다는 거지요!

기후학자들이 남극의 얼어붙은 호수를 조사하고 있어요.

기후 변화를 둘러싼 충돌

여전히 기후 변화를 별문제가 아니라고 생각하는 사람들이 있어요. 어떤 사람은 그냥 괴담으로 치부하기도 하지요. 많은 정치인들은 경제에 나쁜 영향을 미쳐 인기가 떨어질 수 있다는 이유로, 행동에 나서길 부담스러워해요. 또 경제 전문가들은 이제 막 개발하기 시작한 국가는 큰 변화를 감당할 경제적 여력이 없다는 점을 지적하기도 하지요. 그래서 우리가 무엇을 해야 할지 논쟁이 벌어지고 있어요.

기후 변화와 관련해 여러 시민 단체가 시위에 나서고 있어요.
기후 변화의 심각성을 모두에게 알리기 위해서예요.

행동이 현실이 되도록

우리 한 사람 한 사람이 비행기나 자동차를 덜 타고, 고기를 덜 사 먹고, 에너지를 절약하는 건 훌륭한 시작이에요. 그렇지만 개인의 행동만으로 문제를 바로잡기는 역부족이지요!

그래서 전 세계 각국 정부와 기업들이 대대적으로 변해야 해요. 또 해결을 위해 필요한 비용을 부담해야 하지요. 나를 대표할 정치인을 투표로 뽑는 국가에 살고 있다면, 환경 정책을 따져 보고 투표하는 것도 큰 도움이 될 거예요.

혼란스러워하지 않아도 돼!

지구 온난화가 무척 걱정스럽게 느껴질지도 몰라요. 불안한 것도 당연하지요. 그렇지만 우리가 할 수 있는 일이 아직 많아요. 기후 변화에 대항하는 싸움은 이미 시작되었고, 첫 단추는 그런대로 잘 끼워졌어요!

전 세계 사람들 모두가 기발한 아이디어를 내고 서로 협력한다면, 우리는 필요한 변화를 얼마든지 이끌어 낼 수 있어요. 우리가 힘을 모아 잘 가꾸어 간다면, 미래의 지구는 더 푸르고, 더 안전하고, 더 아름다울 거예요!

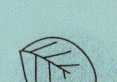

이것도 알아 두면 좋아요!

인터넷에 접속해요!

〈기상청〉 http://www.climate.go.kr/home/09_monitoring/index.php/main

대한민국 기상청에서 운영하는 '종합 기후 변화 감시 정보' 사이트예요. 국내 이산화 탄소 증가량과 기온 상승 폭뿐 아니라, 전 세계적인 변화도 함께 살펴볼 수 있어요. 에어로졸, 오존, 빙상과 같은 기후 관련 정보도 얻을 수 있답니다.

〈한국 환경 공단〉 http://www.keko.or.kr

한국 환경 공단은 국가적으로 친환경적인 정책을 펼치는 기관이에요. '탄소 포인트 제도', '그린 캠퍼스' 등 기후 변화와 관련된 국내 정책들을 살펴볼 수 있어요.

〈미국 항공 우주국(NASA)〉 https://climatekids.nasa.gov/climate-change-meaning

미국의 나사(NASA)에서 운영하는 어린이를 위한 기후 사이트예요. 수많은 과학적 사실과 영상, 다양한 활동과 게임을 제공하고 있어요.

〈미국 자연사 박물관〉 https://www.amnh.org/explore/ology/climate-change#all

미국 자연사 박물관에서 운영하는 기후 변화 사이트예요. 다양한 관련 정보와 사진 자료, 퍼즐과 퀴즈 등이 준비되어 있어요.

영상을 감상해요!

⟨비포 더 플러드(Before The Flood)⟩
내셔널 지오그래픽에서 제작한 다큐멘터리 영화예요. 유명 영화배우인 레오나르도 디카프리오가 전 세계 곳곳에서 벌어지고 있는 기후 변화의 영향을 따라가는 이야기랍니다. 엘론 머스크와 프란치스코 교황 등 유명 인사들이 등장해 환경에 대해 이야기해요. 네이버 영화에서 한글 자막도 제공하고 있어요.

⟨인류세 : 인간의 시대(Anthropocene : The Human Epoch)⟩
인간이라는 종이 지구에 미친 영향을 다루고 있는 다큐멘터리 영화예요. 과학자와 예술가들이 한데 모여 4년간 작업한 작품이랍니다. 애플, 아마존, 구글 플레이 등을 통해 볼 수 있어요. 네이버 영화에서는 한글 자막도 제공하고 있어요.

⟨Climate Change—The Facts(가제 : 기후 변화에 대한 진실)⟩
https://www.bbc.co.uk/programmes/m00049b1
기후 변화에 대해 과학적으로 접근하며 위험성과 해결책을 함께 이야기해 주는 다큐멘터리 영화예요. 영국의 유명 동물학자 데이비드 애튼버러 경이 해설하고 있어요. 인터넷 사이트에서도 볼 수 있답니다.

선생님과 학부모님께
본문에 소개한 인터넷 사이트와 영상들에 유해한 정보가 없는지 여러 면에서 확인했으나, 인터넷의 특성상 이후 어떤 콘텐츠가 업데이트될지 알 수 없습니다. 따라서 어린이 독자들이 해당 사이트에 접속할 때에는 보호자가 꼭 함께해 주시길 바랍니다.

똑똑! 환경 용어

경유 석유로 만드는 화석 연료의 일종이에요. 주로 자동차의 연료로 사용해요. (10, 30, 31, 34쪽)

기후 특정 지역의 평균적인 날씨를 말해요. 여러 해에 걸쳐 나타난 현상을 종합해 분석하지요. (4, 5쪽)

기후 변화 일정 지역에서 오랜 시간에 걸쳐 나타나는 기후의 장기적인 변화 모습을 가리켜요. (15, 21, 22, 25, 26, 29, 30, 32, 42, 43쪽)

대유행 어떤 질병이 많은 수의 사람에게 급속도로 퍼지는 현상을 말해요. 코로나19도 대유행에 포함된답니다. (27쪽)

먹이 사슬 생태계에서 생물이 먹고 먹히는 관계를 말해요. 먹이를 중심으로 보는 방식이랍니다. (23쪽)

메테인 젖소 등 가축이 뿜어내는 대표적인 온실가스예요. 연료로 사용하기도 하지요. (7, 15쪽)

배출량 어딘가에서 나오는 가스 등 물질의 양을 가리키는 말이에요. (33, 34쪽)

빙상 육지의 광활한 지역을 덮은 얼음판을 말해요. 남극과 그린란드에서 찾아볼 수 있어요. (18, 21쪽)

빙하 극지방이나 높은 산 위에서 발견되는 거대한 얼음 덩어리로 천천히 움직이고 있어요. (5, 18, 20, 22쪽)

빙하기 지구 역사에서 세계 곳곳의 기온이 특이하게 낮던 시기를 일컬어요. 이때 많은 양의 얼음이 만들어 졌어요. (4쪽)

산소 공기 중의 기체예요. 동물은 산소를 빨아들여 활동하기 때문에, 생명에 필수적이지요. (10쪽)

산호 작은 해양 생물이 만드는 딱딱한 조개껍데기 같은 물질이에요. 따뜻한 해류가 흐르는 곳에 주로 산답니다. (24, 25쪽)

(산호) 백화 현상 산호의 색이 하얗게 바래는 걸 말해요. 산호가 생존에 불리한 상황이 되면, 몸속에 공생하던 조류를 내보내면서 발생하는 현상이에요. (25쪽)

산호초 바닷속에서 산호가 수년 동안 켜켜이 쌓여 만들어지는 큰 암초를 가리켜요. (24, 25쪽)

생태계 어떤 특정 지역이나 장소 및 그곳에서 발견되는 생물을 통틀어 일컫는 말이에요. 사람도 생태계에 포함된답니다. (23, 25쪽)

수력 발전 물의 흐름을 이용해 전기를 생산하는 발전 방식을 말해요. (31, 36쪽)

수직 농장 작물을 여러 층의 선반에서 재배하는 실내 농장을 말해요. 도시에도 꾸릴 수 있지요. (39쪽)

아산화 질소 특정 연료를 태우거나, 식물 또는 동물의 사체가 부패할 때 나오는 온실가스예요. (7쪽)

열대성 저기압 거대한 회오리 모양의 폭풍우예요. 따뜻한 열대 바다에서 만들어지지요. 지역에 따라 태풍, 허리케인, 윌리윌리 등 다양한 이름으로 불리기도 해요. (28, 29쪽)

온실가스 온실 효과를 일으키는 특정 가스를 가리켜요. 이산화 탄소와 메테인이 대표적인 온실가스예요. (6, 7, 10~15, 30, 33~36, 38, 41쪽)

온실 효과 지구 대기를 구성하는 특정한 기체, 즉 온실가스가 열을 잡아 두는 현상을 말해요. 온실 효과로 지구 온난화가 심해지지요. (6, 13쪽)

이산화 탄소(CO_2) 공기 중에서 흔히 발견되는 기체예요. 주로 화석 연료를 태울 때 배출된답니다. (7, 10, 11, 14, 23, 25, 31, 32, 39, 40, 41쪽)

재생 에너지 고갈되지 않는 에너지를 말해요. 바람, 파도, 태양 등에서 얻을 수 있어요. (31, 34, 36, 37쪽)

조류 물속에 사는 생물로 식물의 특성을 지니고 있어요. 세포 한 개로만 이루어진 경우도 제법 많아요. (22, 25쪽)

지구 기괴화 지구 온난화로 인한 날씨의 변화를 콕 집어서 일컫는 말이에요. 극단적인 기온, 거세진 비나 바람 등이 대표적이에요. (17쪽)

지구 온난화 지난 이백여 년에 걸쳐 인간 활동의 영향으로 지구의 평균 기온이 서서히 증가하는 현상을 말해요. (4, 5, 8, 12, 13, 14, 16~21, 24, 26, 30, 36, 40, 42, 43쪽)

지열 발전 지구 내부의 열에너지를 이용해 전기를 생산하는 친환경 발전 방식이에요. (31, 36쪽)

탄소 생물체를 구성하는 원소 중 하나예요. 연필이나 다이아몬드, 목탄에서도 발견되어요. (11, 14쪽)

태양광 전지판 태양빛을 전기로 변환하는 물질을 포함한 판을 말해요. 태양열 발전을 할 때 꼭 필요하지요. (36, 37, 40쪽)

태풍 북태평양 서부에서 발생하는 열대성 저기압을 부르는 이름이에요. (26, 28, 29쪽)

터빈 바람이나 물의 흐름 등으로 바퀴를 돌려 전기를 생산하는 장치를 말해요. (36, 37쪽)

폭염 특이하게 더운 날씨가 지속되는 현상이에요. 주로 여름에 나타나지요. (16, 25, 27쪽)

화석 연료 석탄, 석유, 가스 등 아주 오래전에 묻힌 동물이나 식물의 잔해로부터 만들어진 연료예요. 주로 땅속 깊은 곳에서 찾을 수 있어요. (7, 10, 30, 33, 34, 36쪽)

휘발유 석유로 만드는 화석 연료의 일종이에요. 자동차나 비행기 등의 연료로 쓰이지요. (10, 30, 31, 34쪽)

사진 저작권

* **Alamy** : Hilary Morgan 12쪽 * **Prisma Archivo** : 8쪽 * **Getty Images** : AFP 13쪽 | Ted Aljibe/AFP 28쪽 | Anterra/UIG 18쪽 | Bloomberg 38쪽 | Peter Cade 13쪽 | Yasuyoshi Chiba 37쪽 | Christophel Fine Arts/UIG 12쪽 | Nur Photo 16쪽 | Jeremie Richard/AFP 21쪽 Michael Tewelde 31쪽 | Universal Images 28쪽 * **Laboratory for Nanobioelectronics, US San Diego Jacobs School of Engineering** : 41쪽 * N Lazarnick/DPL/PD : 9쪽 * **NASA The Earth Observatory** : 21쪽 * **NMUSAF/US Air Force photo** : 12쪽 * **Science Photo Library** : Mark Thomas 40쪽 * **Shutterstock** : A78805 23쪽 | Aisyaqilumaranas 39쪽 | AnaitSmi 11쪽 | Anatolia 15쪽 | Andrey-1/S 41쪽 | AnnstasAg 22쪽 | ArdeaA 3, 4~5, 11, 14~15, 30~31, 32~33, 38~39, 40, 43쪽 | arka38 24쪽 | Breedfoto 37쪽 | Juan Carita/AP/REX 14쪽 | Chalintra B 38쪽 | chrupka 20쪽 | Clenpies Design 9, 39쪽 | Dmitry375 22쪽 | Domicoolka 7쪽 | Droidworker 19쪽 | ecco 12~13쪽 | Everilda 15쪽 | Frank60 26쪽 | freesoulproduction 14쪽 | Gaidamashchuk 15쪽 | Giamportone 33쪽 | Golden Sikorka 34쪽

GoodStock 17쪽 | GoodStudio 2, 6~7, 26쪽 | GraficsRF 17, 25쪽 | Hennadi H 23쪽 | Sutton Hibert/REX 27쪽 | ieronim 22쪽 | Incomibile 25쪽 | Semiankova Inha 22쪽 | KNO 16쪽 | Yevgen Kravchenko 1쪽 | Lemburg Vector Studio 20~21쪽 | Mikko Lemola 43쪽 | light s 33쪽 | macrovector 5쪽 | CL–Medien 13쪽 | MicroOne 3, 10, 13, 33, 35쪽 | mything 15쪽 | Roman Nerud 9쪽 | Peter Niesen 24쪽 | Oakview Studios 35쪽 | Oceloti 8~9쪽 | Oleg7799 25쪽 | petogarva 10, 31, 36쪽 | Pixsooz 27쪽 | Pol9334 10쪽 | Pyty 20쪽 | Qualit Design 42쪽 | Robuart 18, 34쪽 | Roi and Roi 38쪽 | Andrew Rybalko 3~4쪽 | Sensvector 34쪽 | Shanvood 23쪽 | Stu Shaw 42쪽 | Silken Photography 19쪽 | Amanita Silvicora 18~19쪽 | SkyPics Studio 10쪽 | Slowga 25쪽 | Natali Snailcat 24~25쪽 | Sunny Dream 10쪽 | Sunshine Vector 17쪽 | Mascha Tace 31쪽 | Tarikdiz 29쪽 | Tuaklom 27쪽 | Vasosh 24쪽 | venimo 37쪽 | vidkont 1쪽 | Warxar 38쪽 | Richard Whitcombe 25쪽 | Chamille White 9쪽 | Mei Yanotai 10쪽